Auf den Punkt gebracht
366 Versuche

HANS PETER FLÜCKIGER

Auf den Punkt gebracht

366 Versuche

HANS PETER FLÜCKIGER

Bibliografische Informationen der Deutschen Nationalbibliothek:
Die Deutsche Nationalbibliothek verzeichnet diese Publikation in
der Deutschen Nationalbibliographie, detaillierte bibliografische
Daten sind im Internet über http://dnb.dnb.de abrufbar.

© 2020 Flückiger, Hans Peter
www.geschichten-gegen-langweile.com
ISBN: 9783752606836

Korrektorat: Ivera Berger

Herstellung und Verlag:
BoD – Books on Demand, Norderstedt

SO KAM ES DAZU

Mit wie vielen Eindrücken, Informationen und Ereignissen werden wir täglich konfrontiert? Unzählige sind es. Viele gehen zu einem Ohr rein und zum anderen wieder raus, beziehungsweise sind schnell wieder aus den Augen und aus dem Sinn. Einiges bleibt aber hängen und bietet Gelegenheit, ein paar Gedanken zu verlieren.

Was für Gedankengänge bei mir in Gang gesetzt wurden, habe ich in diesem kleinen Büchlein zu Papier gebracht. Nicht in tiefgründigen Abhandlungen, sondern kurz und bündig auf den Punkt gebracht.

Ich habe versucht, mich der Gedichtform der Haiku anzunähern. Diese haben ihren Ursprung in Japan, wo die ersten in der Mitte des 17. Jahrhunderts geschrieben wurden. Eigen ist diesen, dass sie exakt 17 Lauteinheiten zählen. Vertikal in drei Reihen aufgeschrieben in Wortgruppen, welche aus 5 – 7 – 5 Lauteinheiten bestehen. Neben anderen Anforderungen, welche an Haiku gestellt wurden.

Adaptiert auf die in unseren Breiten übliche Schreibart sind Haiku dreizeilige Texte, welche sich aus Worten mit maximal 17 Silben zusammensetzen. Idealerweise im Takt von 5 – 7 – 5 Silben. Ich habe mir erlaubt, wie im deutschen Sprachraum üblich, auch mal mit ein, zwei Silben weniger auszukommen. Der Verständlichkeit zuliebe. Weiter habe ich hie und da Wortteile in Ziffern geschrieben. Was den Nachthimmel zum N8himmel werden lässt. Alles klar? Wenn nicht, hilft das Glossar vielleicht weiter.

Verena ist weg!
Die Heilige. An Pfingsten.
Viel Geld, wenig Geist.

Kirschenernte.
Der Baum ist früh behangen.
Wandelt sich da etwas?

Kometen.
Nachts bringen die Himmelsboten Glück.
Auch bei Bewölkung?

Laufen, Ringen,
Sprinten, Schwimmen, Springen.
Hurra, Olympia! – Verschoben.

Milch macht's möglich.
Müde Männer werden munter.
Ab auf die Bäume.

Geld übrigens auch.
Wie hätten Sie's denn gerne?
Überraschen Sie mich.

Schwarzer Tisch, Eisenblech.
Weisser Stuhl, Binsengeflecht.
Kafenion.

Leben – erleben –
beleben – ausleben – verleben –
ableben.

Der Michel wacht. Schaut –
den Hafen Hamburg im Blick.
Störtebeker ahoi.

Fit wie ein Turnschuh.
Dynamisch und athletisch.
Indoor und outdoor.

Vorhang auf, Licht an!
Bühne leer – oh Schreck – Licht aus!
Geld zurück – sofort!

Religion, Humor.
Beide sind unverzichtbar.
Beten, lachen.

Systemrelevant:
Müllabfuhr, Verkäuferin.
Die Zeiten ändern.

Es lebe die Kunst.
Nach allen Regeln der Kunst.
Kennt Kunst Regeln?

Dunkle Stunden
dauern auch nur 60 Minuten.
Echter Lichtblick.

Das will ich nicht.
Das musst Du nicht wollen.
Das Alter kommt von selbst.

Der Ball ist rund.
Das Runde muss ins Eckige.
Toooor! Goal, Gooooooooal! Bravo!

Zirkus – Zirkus:
Eh la hopp, eh la hopp, eh la hopp.
Akrobat schöööön!

Aufpassen!
Das will ich ersetzt haben.
Das ist doch unersetzlich.

Ich kann's nicht glauben!
Ich habe es selbst gehört.
Sie hat Schluss gemacht.

Das war gelogen.
Sie können gar nicht angeln?
Brauchte ein Alibi.

Wieso tut er das?
Ich kann es echt nicht sagen.
Unverbesserlich.

Sehr unerfreulich.
Sie ging doch gerne wandern.
Was soll das heissen?

War es ein Suizid?
Wir vermuten es – doch, doch …
ein Kauz war er ja.

Bitte kommen sie.
Wir können da nicht helfen.
Sie müssen das aber.

Er gehört zu uns.
Sind sie sich dabei sicher?
Mehr oder weniger.

Das macht nichts, weiter.
Wir wollen das aber nicht mehr.
Und ob Ihr das wollt.

Wer will's Ihr sagen?
War sie mit ihm befreundet?
Ich dann lieber nicht.

Worauf warten sie?
Dass der Bus nun endlich kommt.
Die streiken heute.

Der Schulthek gepackt.
Mit grossen Schritten voran.
Abc-Schützen.

Wer macht den sowas?
Es gibt genügend Irre.
Vortreten bitte.

Tohuwabohu.
Pöbel, Steine, Tränengas.
Demo für Frieden.

Quak, quak, Frösche, quak.
Sie hüpfen über die Strasse.
Ach, diese Raser.

Das ist ja toll.
Allzu toll ist ungesund.
Gesunde Tollheit.

Soll ich? – Nicht?
Hätte, hätte, Fahrradkette.
Das grosse Werweissen.

Schert mich das?
Aufrechten Ganges ins Chaos.
Irren ist menschlich.

Alles abgesagt –
und das Leben geht weiter.
Slowbalisierung.

Mildernde Umstände.
Umständehalber.
Some like it hot.

Beim Kommen und Gehen,
leere Hände und Taschen.
C'est la vie.

Die güldne Sonne.
Morgenstund hat Gold im Mund.
Los – bei dem Goldkurs.

Wer ist der Spezi?
Das darf ich dir nicht sagen.
Ein Wunderwuzzi?

Meister Lampe,
wieso ist es so dunkel?
Bin ich der Beleuchter?

Nur mit der Ruhe.
Bei Grimbarts wird nicht gestresst.
Noch ein Bier bitte.

Markart, Schnabel auf.
Pflückebeutel weiss alles.
Merkenau glaubt es.

Ruhe im Stall.
Metke, es wird nicht gemeckert.
Wer sagt das? Ich!

Wer will Petz an den Pelz?
Wackerlos sicher nicht.
Eher schon der Nobel.

Da kommen sie,
Ermelyn und Reineke.
Zusammen auf der Pirsch.

Wie diese Beiden.
Isegrim und Gieremund.
Nehmt euch in Acht, Kratzfüsse.

Wer äugt denn da?
Eine Kolonie Äugler.
Vorwitzig und frech.

An der Bar steht er.
Adebar, in den roten Hosen.
Na – dann Prosit.

Meister Bockert.
Fleissig klöppelnd sitzt er
in seiner Biberburg.

Boldewyn – iah, iah.
Der kann ein Liedchen singen.
Traurig aber war.

Grosse Konfusion.
Es geht um des Pudels Kern.
Die Fusion.

Ein tolles Outfit.
Laptop und Lederhose.
Fit für die Zukunft.

Verführte Halbblinde
verführen gewissenlos.
Herumtappen.

Welch ein Glücksmoment.
Er dauert schon lange an.
Ein wahrer Glücksfall.

Kompletter Irrsinn.
Irrsinnig dieser Irrsinn.
Nicht zu übertreffen.

Totaler Ruin.
Allerorts Häuserruinen.
Ruine an Ruine.

Hallo Neowise,
du echt seltener Passant.
Und tschüss … bis 8020.

Zuckende Blitze.
Da braut sich was zusammen.
Ein Donnerwetter.

Ein Bild an der Wand.
Etwas windschief hängt es da.
Das Glas gesprungen.

Zerreiss die Himmel.
Erlöse uns vom Bösen.
Gut gegen Böse.

Der Nix sei erwacht.
Was führt er wohl im Schilde?
Bringt nix als Verdruss.

Biskaya-Sturmtief
und Skandinavien-Hoch.
Winterwetter-Zeit.

Es lächelt der See.
Um Gottes Willen, Fährmann.
Es geht ums Leben.

Wenn Schulden drücken.
Beichte? Schuldensanierung?
Je nach Gläubiger.

Trostloser geht nicht.
Da ist guter Rat teuer.
Nichts ist trostloser.

Das Karussell dreht.
Immer schneller geht's im Kreis.
Ich will aussteigen!

Das Schaukelpferd quietscht.
Die Quietsche-Ente schaukelt.
Quietschen und Schaukeln.

Heiliger Schrecken.
Begegnung mit dem Jenseits.
Belächelt aber wahr.

Endlose Nächte.
Nächtliche Endlosigkeit.
Du wolltest hier sein.

Wertegemeinschaft.
Wir legen Wert auf Werte.
L'état, ce nous.

Produzierende,
LeserInnen, Sänger*innen.
Sprachmassaker.

Alle Jahre – (wieder?)
Die Äcker spriessen, Felder grünen.
Sommerzeit.

Bruder Klaus.
Der heilige Eremit. Zu Hause –
in seiner Klause.

Zeit zum Aufwachen.
Gähn – die Gliedmassen recken –
wedel, wedel …

Ein Schuss, und ein Schrei!
War das Karl May? Nein, Tatort.
Seit fünfzig Jahren.

Tückisch, dieser «Käfer».
Aus dem Labor? Vom Markt?
Sicher aus China.

Was soll man da tun?
Kotzen, motzen, aufbegehr'n?
Schluss mit dem Verdruss.

Limnos – Lesbos –
Chios – Samos – Ikaria.
Von Insel zu Insel.

Wie das Leben spielt.
Wissenschafter irren auch.
Eben das Leben.

Schreckensszenario:
Irre spielen Wissenschafter.
Frankensteins Jünger.

Wahrheitssuche.
Das Wahre über die Wahrheit.
Die Wahrheit als Ware.

Hallo Nachbarn.
Wir kommen. ISS, Mond – und Mars.
Toc, toc, wir klopfen an.

Menschen und Rechte.
Menschen missbrauchen Rechte.
Mehr Menschenrechte.

Gespenstische Ruh.
Fahles Licht, Nebelschwaden.
Ein Rabe krächzt – husch.

Ein schlechter Tänzer.
Das habe ich noch gedacht.
Zwei rechte Füsse.

Tatsächlich, ein Mord.
Das ist mir unbegreiflich.
Ändert das etwas?

Zur Seite treten.
Lass das, ich kümmere mich.
Der Kümmerer kommt.

Der bunte Gockel,
krächzt auf dem hohen Sockel:
«Hier bin ich der Chef».

Irrsinn als Fortschritt.
Was soll man da denn tun?
Geduld, bald ist er weg.

Regentropfen.
Unwiderruflich? Gassi gehen?
Aber nur kurz.

Ich habe 2fel.
Ist die Schl8 zu gewinnen?
Denk nicht so schwar2ss.

Mach kein Witz!
Pr8libelle und Gra6e
beim modernen 5kampf.

Am Sonntag begrub
der St1chlag die gesamte
Kl1tadt unter sich.

So etwas!
9kirchen hat echt noch immer
kein Kab11ernsehen.

Im Dies11ahrzeug
zur Routi9tersuchung.
Wir sorgen vor.

3st blocht er
mit Karacho mit der 8erbahn
in den N8himmel.

Sind 7ommen?
Haben Sie etwas genommen?
Magenspülung!

Gut gem8.
Um halb 8.
Gute N8.

Hip hip hoorray!
His last hurrah – tausend Seiten.
Mehr als lesenswert.

Geld im Kasten klingt,
Seele aus dem Fegefeuer springt.
Ablass einst.

Ablass heute.
Aus den Augen aus dem Sinn.
CO_2-Kompensation.

Solidarität.
Worthülse und Machtmittel.
Wo ist mein Nächster?

Sorge um die Seele.
Wer macht sich diese heute noch?
Seelsorger.

Denk mal, ein Denkmal.
Wer soll auf dem Sockel stehen?
Gute Frage.

Ächz, oh weh, ach nee.
Das will ich so nicht haben.
Krise wird Chance.

Ohne Dach – obdachlos.
Kein Herz für Obdachlose.
Welche Chose.

Im Morgennebel.
Fast so klar wie unsichtbar.
Gute Fahrt ihr zwei.

Ich halt das nicht aus.
In einem so miesen Haus.
Ich muss raus – sofort.

Hab' kein Auto mehr.
Vernünftiger Senior.
Fahr' jetzt ein Cabrio.

O sole mio …
Una mattina, son svegliato …
Canto italiano.

Stoisch steh'n sie da.
Kühe. Wiederkäuend
und mit Kulleraugen.

Mach mir doch nicht Angst.
Hast Du Gänsehaut?
Eine blutige Nase.

Der Knopf drückt Knöpfe.
Was soll den daraus werden?
Na klar, Druckknöpfe.

Politik ist alles.
Alles ist Politik.
Politikerlatein.

Es wurde aber Zeit,
dass es endlich Zeit wurde.
Allerhöchste Zeit.

Denken – forschen – tun.
Neue Erkenntnis jeden Tag.
Viren sind komplex.

Fremdsprachenkundig.
Ich kenne 57 «Dialekte».
Spottlerche.

Erfolgsgeschichten!
Was sind Erfolgsgeschichten?
Der Schein kann trügen.

Ich mach mir Sorgen.
Das ist doch unbedenklich.
Da fliesst doch was raus.

DDR-Relikt?
Nein – grosse Errungenschaft.
Zum Wohl der Familien.

Rot, glänzend, mundend.
Wie schön die Kirschen reif sind.
Ruft die Feuerwehr.

Sie ist grenzenlos,
diese Grenzenlosigkeit.
Wo ist die Grenze?

Kaktus und Ballon.
Ob das wohl was werden mag?
Corona zeigt wie.

Mäh, grunz, kik'riki.
Schaf, Schwein, Ziege, Hahn und Huhn.
Bitte nicht füttern!

Grün, weiss und auch braun,
gemeinsam vereint im Blau.
Glassammelstelle.

40 oder 150 Tage?
Hauptsache er startete.
Noah mit der Arche.

Damals ein Warner.
Heute plärrende Horden.
Da Spott, hier Jubel.

Die Nationalbank.
Frei und unabhängig,
Milchkuh auf Abwegen.

Das Schwimmbad ist zu.
Komm, wir gehen Waldbaden.
Hat es ein Sprungbrett?

Wir sind die Instanz!
Legitimation? Nö!
Lautstärke genügt!

Wer wohnt den hier drin?
Es muss wohl ein Holzwurm sein.
In einem Tischblatt?

Auf, wir wagen es!
Das ist mir doch zu vage.
Der Wagen ist neu.

Blauweisses Bettzeug.
Tischdecken rotweiss kariert.
Jo-ho-li-di-u.

K1innen und Tr8en
nach teuren J8en,
freut euch an D11inen.

Ein wal3ches Re4,
befindet sich hier.
Wirklich, es ist pr8voll.

Akti4t den Geist,
ver6facht eure Ideen –
kein an0ieren!

Zweifellos:
MM annis Salodurium.
Zeuge Eponastein!

Einst Kopfschmuck der Sieger.
Heute begehrtes Küchengewürz.
Loorbeer.

Frische Croisstants.
Wer mag diesen Duft nicht?
Knusper, knusper, knäuschen ...

Baumann, der Buhmann.
Baumann, unser Mann vom Bau
wird nicht ausgebuht.

Hört, das Martinshorn.
Könnte unser Martin sein.
Fährt die Ambulanz.

Der Glorienschein.
Prächtig da, in seiner Pracht.
Mit Montageöse.

Der kurze Prolog
wird zu einem Monolog.
Wo bleibt der Dialog?

Die Ur-Quarantäne.
Vierzig Tage weggesperrt.
In der Wüste.

Hat Moralisieren was
mit Moral zu tun?
Und Fuchs mit Hase?

Trügerisch: Gold glänzt.
Nicht alles was glänzt, ist Gold.
Trompetengold.

Bedienen Sie sich.
Die Zeche wird schon bezahlt.
Politik 2.0.

Steigen und Sinken.
Wer hält sie an, Ebbe, Flut?
Runter mit dem Mond.

Sie sind unsäglich.
Wir müssen sie ertragen.
Als kleineres Übel.

Was ist denn hier los?
Ich hab' Schaum in den Ohren.
Kopf- oder Hirnwäsche?

Parallelwelten.
Glanzlose, schwarze Sterne.
Fahl der Horizont.

Ich bin Du – und Du?
Siamesische Zwillinge.
Wir sind wir – und ich?

Liebes Tagebuch.
Was weisst Du nicht von mir?
Sag mir auch mal etwas.

Wie geht es Dir denn?
Ich kann nicht genug klagen.
Ohne Fleiss kein Preis.

Saubermann ein Dieb?
Der Dieb ein Saubermann?
Pro bono publico.

Verkehrte Welten.
Wer kennt sie, gute Böse –
oder böse Gute?

Unbedingtes Muss.
Quod erat demonstrandum.
Gute alte Zeit. Ade.

Was rumpelt da so?
Zivilisationsbruch?
Recht auf Abwegen.

Ist das wohl bed8?
Familie 7schläfer
bekommt 6linge?

Still, die dürfen das.
Da kennen wir keinen Spass.
Freiheit über alles.

Donnernde Wasser
stürzen über Flühe, Felsen.
Gischt, Schaum, Nebel, Dunst.

Brücken über Schluchten.
Schluchten unter Brücken.
Mit Regenbogen.

Dunkelgrün der Wald.
Hellgrün Wiesen und Weiden.
Feucht vom Tau der Nacht.

Verhangen der Himmel.
Nebelschwaden am See.
Eine Amsel singt.

Sanftes Vibrieren.
Wellenschlag gegen den Kai.
Halbe Kraft voraus.

Silbern glänzt der See.
Die Sonne am Horizont.
Warten auf die Nacht.

Reden Sie sich frei.
Ich bin schon lange sprachlos.
Das sagt aber alles.

Seltene Viecher.
Gross, stark, und äusserst muskulös.
Musketiere.

Endlich sind wir da.
Inmitten der Gesellschaft.
Bei den Gesellen?

Das sieht nicht gut aus.
Gut Ding will Weile haben.
Schnell Spiel übersieht viel.

Krisenstrategie.
Strategie in der Krise.
Krisenstrategen.

Ballermann für alle.
Saufen mit Schutzmaske.
¡Hasta la vista!

Wolken, Blitz, Donner.
Ares gibt sich unzufrieden.
Und Kollege Mars?

Ingrimm – so ein Wort.
Worte, nichts als Schall und Rauch.
Die Wut im Bauch bleibt.

Urbi et Orbi.
Dem Stadt und dem Erdkreis.
Frisch, fromm, fröhlich, frei.

Volle Kraft voraus.
Das ist der falsche Dampfer.
Schweig, Besserwisser.

Haarspaltereien
und keiner bezahlt den Coiffeur.
Wir sammeln.

Zirpende Schwalben,
am Himmel Bogen ziehend.
Eine Möwe krächzt.

Es ist ein Faktum.
Die Würfel sind gefallen.
Ich mag nichts hören.

Vergänglichkeiten,
oder Zeiten und Ewigkeiten?
Raum-Zeit-Gefüge.

Getreidefelder.
Goldene Halme, Ähren.
Mähdrescherfutter.

Eisen auf Eisen.
Sanftes Beben – ein Quietschen.
Schnaubende Dampflok.

Bürokratien –
Erbsenzähler, Machtmissbrauch.
Stoppt das Karussell.

Gummi-Handschuhe.
Blut, Glassplitter, Teddy-Bär.
Mord in der Villa.

Telefonzelle.
Relikt anderer Zeiten.
Haltet die Zeit an.

Schutz für die Umwelt.
Arbeit für Umweltschützer.
Schützt die Arbeiter.

Was Sie nicht sagen?
Wir sind noch alle perplex.
War er es wirklich?

Runtergefallen?
Habt Ihr eine Vorstellung?
Ehrlich gesagt? Nein.

Na ja, wunderbar.
Ich mache mich auf den Weg.
War es ein Unfall?

Willst Du mir drohen?
Mach Dich doch nicht lächerlich.
Lachen ist gesund.

Um zehn Uhr ist okay.
Das ist mir aber echt zu spät.
Trotz der Sommerzeit?

Ich weiss, was los ist.
Was denn genau? Erzähl's uns.
Nein, ist streng geheim.

Solche ein Unsinn.
Hat er etwas gebracht?
Muss es das? Freude herrscht!

Ich be2fle sehr
auf der Run3se die
Ab2gung zu finden.

Das hier 2seitig
3fach zu 4teln ist nur
etwas für 1stein.

Mari9iformen
werden auf Fr8schiffen
keine getragen.

Zum 0tarif wird
die 11enbeinküste nur
mit Bambus überd8.

Der Sch0er soll
abh11en, wenn das Baby n8s
immer weint und schreit.

Sommerzeit.
Was schüttelt Frau Holle aus den Kissen?
Saharasand.

Abhängig von
Leihmutter und Samenspende.
Emanzipation.

Puma in Roma.
Gibt das wirklich kein Drama?
Kaum, nur Aufregung.

Hilflos ohne Zeit.
Zeitlos ohne Hilfe.
Ein Übel kommt nie allein.

Suche Unterschlupf!
Wo willst Du unterschlüpfen?
Deine Bettdecke.

Tschüss, alter Junge.
Adiós, arrivederci, adieu!
Ich will gar nicht weg.

Das waren Zeiten.
Zeitloser Zeitgenuss.
Zeiten waren das.

Wo bist Du heute?
Der Innenwelt zugewandt.
Komm da wieder raus!

Frei Haus aus der Dose.
Aus Wasser, Luft, Wind und – grummel.
Energie.

Wie mach' ich das?
Wie sag's ich meinem Kinde?
Piepse es per Twitter.

Huhu macht der Uhu.
Wie in einer Kuh, die Nacht.
Dunkelheit überall.

Tragen Sie Masken.
Corona erforderts.
Und Burkaträgerinnen?

Drei Kerzen flackern.
Ein Luftzug geht durch den Raum.
Schliesst doch das Fenster.

Das Fenster ist zu.
Flackern und Luftzug bleiben.
Was ist denn hier los?

Dunkle Rituale.
Immer und immer wieder.
Bebende Mauern.

Ahnt es die Ahne?
Sie ist ja noch klar im Kopf.
Hast Du 'ne Ahnung.

Das ewige Licht,
von der Kirchendecke baumelnd.
Ein Hoffnungsschimmer.

Im Jahr des Herrn 1988.
Oder war es sechsundachtzig?
Jedenfalls zu spät.

Die Zeichen sind klar.
Die schöne neue Welt kommt.
Nicht zum ersten Mal.

Sie wissen wer ich bin?
Irren Sie sich mal nicht.
Ich bin, der ich bin.

So sagt man das nicht.
Sonst kann man das nicht sagen.
Damit ist's gesagt.

Das ist respektlos.
Es ist zu respektieren.
Zwang der Zwänger.

Ist er gelangweilt,
der Habicht auf dem Ansitz?
Alarm in Mausistan.

Runter vom hohen Ross,
ihr Paragraphenreiter.
Es ist ein Esel.

Es macht keinen Sinn,
sich über Unsinn zu ärgern.
Absolut sinnvoll.

Azurblau der Himmel.
Brisen streichen über das Meer.
Purpurglanz überall.

Von Engelswelten
in die tiefsten Abgründe.
Gute Nachricht.

Von Zweigen fällt Schnee.
Er ist schwer, nass geworden.
Tauwetter – Frühling.

Er weht, wo er will.
Weise werden zu Narren.
Wie, wann, wo, warum?

Unergründliches.
Gemeinsam auf Abwegen.
Gerades wird krumm.

Schwenkt die Fahnen,
singt ihr Revolutionäre.
Va, pensiero, sull'…

Mit Besonnenheit,
aber lasst die Sonne scheinen.
Wolkenschieber vor.

Palavereien –
Ideologen, Meinungsmacher.
Zwang, Angst und Nicken.

Geht es schon besser?
Danke für die Tasse Tee.
Keine Ursache.

Das glaubt doch keiner.
Das ist unsere Sache!
Ist Glaubenssache.

Lass mich bitte durch.
Langsam, bin gerade weg.
Wohin des Weges?

Hallo, hörst Du mich?
Der Empfang ist hier aber schlecht.
Trotz rotem Teppich?

Wir nehmen Fahrt auf!
Toll, wo geht es denn genau hin?
Keine Ahnung.

Glänzend, süss
und politisch unkorrekt.
Präservativ darüber.

Fünf starke Nonnen
rollen grosse Tonnen Wein
über den Klosterhof.

Klasse Malerei.
Fuchs mit Huhn vor Berg am See.
Irgendwie skurril.

Ende mit Schrecken.
Mich schreckt dieses Ende nicht.
Das ist der Anfang.

Brot und Spiele.
Nur Barbaren spielen mit Brot.
Barbarenspiele.

Regengeprassel.
Musik vom Wellblechdach.
Free Jazz Jam-Session.

Welch' ein Triumphzug.
Ein Triumph, dieser Aufmarsch.
Aufmarsch zum Abmarsch.

Ein goldenes Dach.
Auch unter solchen gibt's Krach.
Zelten für Frieden.

Von Hundert auf Null.
Le mouvement arrêté.
Nur kein Schleudertrauma.

Peinture en trompe-l'œil.
Echt, täuschend echt – echt täuschend.
Kleine Nuancen.

Tatsache – Meinung.
Prima Vista deckungsgleich.
Wer setzt den Massstab?

Puh – es ist ein Graus.
Die Braut ist im Krankenhaus.
Panikattacken.

Unkraut vergeht nicht.
Das ist diskriminierend.
Wir sind Neophyten.

Traditionsreich.
Das ist traditionell schön.
Eben, Tradition.

Esel und Schaf sind da.
Jetzt kommen die Kamele.
Das Fressen fällt aus.

Herziger Nachwuchs.
Flauschige Wolle-Knäuel.
Katzenmutterstolz.

Einschaltquoten-Boom.
Die Protagonisten bereit.
Anpfiff? Corona.

Ein leeres Grab?
War da überhaupt jemand drin?
Nur vorübergehend.

Wenn zwei dasselbe tun,
so ist es nicht dasselbe.
Selber schuld.

Watten und waten.
Das Wattenmeer durchwaten.
Nichts für Kritische.

Lärm statt Sinn.
Transparente und Radau.
Betroff'ne Bürger.

Seid Ihr denn irre?
Wir arbeiten nicht für Lob.
Wir wollen Zaster!

So, hat es geklappt?
Das wollt Ihr gar nicht wissen.
Und ob wir wollen!

Wenn ich das wüsste.
Streng Dich doch ein wenig an.
Bis nicht so streng.

Ist das gesund?
40arren nacheinander?
Genuss vor Verdruss.

Klar, un2felhaft.
Ein starker Kerl mit viel Kraft.
Nur nicht so starker.

Diktatoren raus.
Schafft die Diktate ab.
Jetzt diktieren wir.

Schluss jetzt, subito!
Fundamentalisten raus!
Aber alle, basta.

Mea maxima culpa.
Antiquiert, aber heilsam.
Auch für Gesunde?

Da, diese Wolken.
Ein imposantes Schauspiel.
Trügerisches Bild.

Mut oder Wagemut?
Verwegene Aktion.
Pure Verzweiflung.

Das war echt klasse.
Gut gemacht, sehr gut – wirklich.
Ein echter Macher.

Packen wir es an.
Chancengleichheit für alle.
Auch für ungleiche.

Käfer und Blume.
Lasst es wuseln und spriessen.
Auf ans Käferfest.

In Reih und Glied
und erhobenen Häuptern.
Stolze Sonnenblumen.

Eine Form der Kunst.
Ungeahnte Kunstform.
Eine Kunst des Formens.

Kein Salz im Brot.
Krümel und Brosamen weg.
Aufbruch in ein Neues.

Santa Corona.
Patronin der Schatzgräber.
Und der Pharmazie?

Nur auf und davon.
Zwei auf Ab- und Umwegen.
Bis zum Abendessen.

Wie sehen Sie das?
Ich will davon nichts hören.
Ich mag's nicht riechen.

Schrötig aber nötig.
Ist das wirklich nötig?
Nötig oder schrötig?

Gesetz ist Gesetz.
Da muss ich mich mal setzen.
Das ist verboten.

Wege des Lebens.
Rummelplätze des Todes.
Immer flott ringsum.

Regie des Schicksals.
Nebenrolle für Vernunft.
Dionysos freut sich.

Worte, nur Worte.
Unworte an den Pranger.
Versprich nicht zu viel.

Links schwadronieren.
Rechts lamentieren.
Der Zweck heiligt die Mittel.

Los, wir brechen aus.
Vorsicht, nicht zu hoch Ikarus.
Absturz über Kreta.

Ich hab' einen Traum.
Einfach ins Land der Träume.
Der Traum war anders.

Ordo ab chao.
Ordnung aus dem Chaos.
Der Geist schwebt über dem Wasser.

Lebensberechtigt.
Sie war tot, bevor sie tot war.
Ein Desaster.

Widerstand ist Pflicht.
Nein, nein, nein und nochmals nein.
Mehr «Ochi»-Tage.

Das grosse Hätscheln.
Lirum larum Löffelstiel.
Mensch ärgre dich nicht.

Schneewittchen trifft auf
Hänsel und Gretel.
Die sieben Zwerge schimpfen.

Dornröschen tanzt
mit Rumpelstilzchen Walzer.
Polo raucht einen Joint.

Frust für Brüder Grimm.
Bahn nimmt keine Sterntaler.
Sie fahren schwarz.

Gerichtsentscheid:
Lumpengesindel ein Härtefall.
Grimms schreiben um.

Zwölf Jäger
erlegen die goldene Gans.
Gevatter Tod schaut zu.

Die Wichtelmänner
küssen die Wassernixe.
Die Brautschau beginnt.

Schöne neue Welt.
Was wird wohl, wenn ich komme?
Träume – Albträume?

Einfalt trotz Vielfalt.
Wenn Falter Falten falten.
Einen oder viele?

Fortschritt über alles.
Mit Vollgas in die Sackgasse.
Einbahnstrasse.

Götterdämmerung.
Aphrodite trifft die Venus.
Ares, Mars und Tiu.

Macht, Wille, Gewalt.
Mich reizt dein' schöne Gestalt.
Du Elender, lass mich!

Wenn nicht jetzt, wann dann?
Wenn nicht jetzt, dann auch dann nicht.
Was sein muss, muss sein.

Knirschende Steine.
Unter dicken Schuhsohlen.
Schuhnummer 50.

Ich krieg' keine Luft.
Das mein' ich gar nicht.
Masken tragen ist Pflicht.

Proskinitária.
Kleine Zeichen am Wegrand.
Trauern und Danken.

Wer geht abends
durch die kleine Stadt in Tennesse?
The little Banjo Boy.

Bring das in Ordnung.
Weisst Du, wie sich das anfühlt?
Was sein muss, muss sein.

Ich sag' Dir etwas.
Ich hab es noch nicht getan.
Besser spät als nie.

Im Kreis hinsetzen,
Luft anhalten, Augen zu.
Wie fühlst Du Dich jetzt?

Wo ist sie wohl hin,
die Liebe meines Lebens?
Wieso – hier kommt sie.

Wer wünscht es sich nicht,
ein kleines schmuckes Häuschen?
Ich will ein grosses.

Du bist dagegen?
Ja – es müsse schrecklich sein –
sagen die andern.

So ein tolles Blatt.
Du hast gezinkte Karten
Na und – wenn es nützt.

Ist's nichts geworden?
Die Chemie hat nicht gestimmt.
Zwei Physiker halt.

Das ist aber krass.
Ja, voll das Gegenteil.
Voll krass dieses Gegenteil.

Im Hafen der Ehe.
Wohin brechen wir auf?
Egal, einfach kein Schiffsbruch.

Ich bin so enttäuscht.
Was ist denn so schlimm daran?
Dass ich enttäuscht bin.

Denkt Ihr das wirklich?
Dieser Tag wird bald kommen.
Habt Acht, bei Nacht.

Nimmt er kein Ende,
dieser idiotische Wahnsinn?
Nein, der ist gewollt.

Mund zu, Kragen hoch.
Wind wirbelt Sand in die Luft.
Dünenwanderung.

Blick in die Höhe.
Baumwipfel wogen im Wind.
Schwindelfrei schwindeln.

Jäger des Herzens.
Herz, du einsamer Jäger.
Die Jagd beginnt.

Heiss weht der Wind.
Sand knirscht unter den Füssen.
Weihnachten 2057.

Ich halt es nicht aus.
Blicke auf die Realität.
Träume sind Schäume.

Alfaia, Anklung.
Alghoza, Ardin, Alphorn.
Klänge der Heimaten.

Einfach wundervoll.
Die Verkörperung des Wahnsinns.
Übertreibt nicht.

Es ist zum Fürchten.
Haben wir Geisterstunde?
Zeitgeistkapriolen.

Der Mut ist gekühlt.
Raus aus dem dichten Nebel.
Ich will nach Hause.

Religionen.
Mir wird ganz schwindlig davon.
Opium für das Volk.

Es klingt vorzüglich.
Stets ad absurdum geführt.
Ein Sanierungsfall.

Ein schöner Baum.
Mit mehr Laub als Früchten.
Ein Schattenspender.

Chemotherapie.
Du weisst wovon ich spreche.
Der gläserne Tag.

Kampf für's Gute.
Gutes, der Feind des Besseren.
Das Beste kommt noch.

Ex nihilo nihil fit.
Aus dem Nichts entsteht nichts.
Sag doch etwas.

Ich will aussteigen!
Wo ist die nächste Ausfahrt?
Wir schwimmen weiter.

Das ging daneben.
Kollateralschaden.
Mein Name ist Hase.

Hurra, Homeschooling.
We don't need no education.
Staat – Gurkensalat.

Vom Wind getrieben.
Papier in engen Gassen.
Licht hinter Fenstern.

Sphärische Klänge.
Schemenhafte Gestalten.
Eine Turmuhr schlägt.

Du kennst Dich aber aus.
Klar, ich bin betroffen! Von?
Je nach Demoprogramm.

Bitte, Fenster zu.
Nicht das Zeitfenster.
Ich erwarte Nachrichten.

Wohl an, kommt doch her,
die ihr alle durstig seid.
Ich will nichts geschenkt.

Das sieht aber schlecht aus.
Typisch Froschperspektive.
Vorsicht, ein Storch kommt.

Ich mag's beschaulich.
Ich schau' da lieber nicht hin.
Schauergeschichten.

Hört ihr, das Gras wächst.
Graswurzelbewegung.
¡Viva la anarquía!

Bim bam tönt's vom Turm.
Voll sind die Kirchenbänke
Tempi passati.

Im Abendlicht.
Lautes Kreischen im Kirschenbaum.
Dinner der Gefrackten.

Pusteblumen:
Für Liebe – gegen Gewalt.
Love, Peace and Rock 'n' Roll.

Greift in die Tasten.
Musik – Akkorde – Noten.
Kleingeldgeklimper.

Ballone steigen.
Rote, gelbe, grüne, blaue.
Utopia, wo bist du?

In Dornenhecken,
kann man sich gut verstecken.
Den Fuchs freut es nicht.

Ein wahrer Tierfreund.
Er spricht sogar mit ihnen.
Der Heilige Franz.

Arbeit adelt.
Wir bleiben bürgerlich.
Heute ist der Kunde König.

Von fern klingt es her.
Das Gebimmel von Glocken.
Und Muhen, Blöcken.

Stimmungsmache,
Vorverurteilung, Polemik,
Unschuldsvermutung?

Blick zu den Alpen.
Eiger, Mönch und die Jungfrau.
Zwischen anderen.

Ein Bildersturm.
Runter, was uns nicht gefällt.
Ein Kaffee bitte – kalt.

Felswände, Schnee, Eis.
Enzian, Alpenrose.
Schuhe, Pickel, Seil.

Weite grüne Wälder,
Weiten, grün bewaldet,
Strassen gerade.

Schneeflocken wirbeln.
Ein Hase streckt die Ohren
und hoppelt davon.

Beginn im Kleinen.
Irdisches Intermezzo.
Grosses Finale.

Schön, der Apfelbaum.
Schwer beladen sind die Äste.
Bald ist Ernte.

Das ist aber ein Ding.
Es wurde voll ausgenutzt.
Und das im Sommer.

Glacéhandschuhe an.
Duckmäuser ins erste Glied.
Kuschen statt puschen.

Hü, hü Braver, hüst.
Hott, hott mein Braver, aber flott.
Wie wär's mit Galopp?

Baum-Alleen.
Viele durch Alleen gehen.
Sonntagsspaziergang.

Glossar:

Verena: Die heilige Verena (* um 260 n. Chr.; † um 320 in Zurzach). Frühchristliche Jungfrau und Eremitin aus Theben. Quelle: Ökumenisches Heiligenlexikon.

Kafenion: Griech. Καφενεῖον, traditionelles Kaffeehaus in Griechenland.

Der Michel: «Kosename» der Hauptkirche St. Michaelis in Hamburg.

Störtebeker: Der Legende nach ein Seeräuber, der 1410 in Hamburg ums Leben kam.

Meister Lampe: Hase in Märchen und Fabel.

Grimbart: Dachs in Märchen und Fabel.

Markart: Häher in Märchen und Fabel.

Pflückebeutel: Rabe in Märchen und Fabel.

Merkenau: Krähe in Märchen und Fabel.

Metke: Ziege in Märchen und Fabel.

Petz: Bär in Märchen und Fabel.

Wackerlos: Hündchen in Märchen und Fabel.

Nobel: Löwe in Märchen und Fabel.

Ermelyn: Füchsin in Märchen und Fabel.

Reineke: Fuchs in Märchen und Fabel.

Isegrim: Wolf in Märchen und Fabel.

Giremund: Wölfin in Märchen und Fabel.

Kratzfuss: Huhn in Märchen und Fabel.

Äugler: Kaninchen in Märchen und Fabel.

Adebar: Kaninchen in Märchen und Fabel.

Meister Bockert: Biber in Märchen und Fabel.

Boldewyn: Esel in Märchen und Fabel.

Neowise: Komet.

The last hurrah: Das letzte Werk.

Eponastein: Epona, keltische Göttin, Schutzherrin der Pferde, Esel und Maultiere und Reiseverkehrs. Eine Inschrift auf einem ihr geweihten Stein lässt Schlüsse auf die Gründung der Stadt Solothurn zu.

Peinture en trompe l'oeil: Illusionistische Malform. Trompe-l'œil, frz. «täusche das Auge». Von tromper «täuschen» und l'œil «das Auge».

Watten: Ein Kartenspiel, welches hauptsächlich in Bayern, Österreich, der Schweiz und im Südtirol gespielt wird.

Kritsche: Die drei stischstärksten Karten beim Watten werden die Kritschen genannt.

Dionysos: Griech. Διονύσιος. In der griechischen Götterwelt der Gott des Weines, der Freude, der Trauben, der Fruchtbarkeit, des Wahnsinns und der Ekstase.

Ochi-Tag: Griech. Επέτειος του Όχι, Jahrestag des «Nein». Am 28. Oktober 1940 lehnten die Griechen das von Benito Mussolini gestellte Ultimatum ab, was zum Griechisch-Italienischen Krieges führte.

Tiu: Nordischer Gott des Krieges.

Proskinitária: Griech. Προσκινιτάρια. Miniaturkapellen in Griechenland, die man heute vor allem entlang der Strassen sieht.

Alfaia, Anklung. Alghoza, Ardin: Musikinstrumente aus Brasilien, Südostasien, Indien und Westafrika.

Graswurzelbewegung: Metapher für basisdemokratische Bewegungen, die das Ziel haben, gesellschaftliche Alternativen zum Bestehenden aufzubauen.

Der Heilige Franz: Francesco Giovanni di Pietro Bernardone. (* 1181/82 in Assisi, It.; † 3. Oktober 1226 im Kloster Portiuncula bei Assisi). Gründer des Franziskanerordens. Quelle: Ökumenisches Heiligenlexikon.